FLORI DE LUMINĂ

FLORI DE LUMINĂ

POEME de IUBIRE

IV

DANIELA TOPÎRCEAN

FLORI DE LUMINĂ
POEME de IUBIRE IV

Traducere și editare: Manuela Timofte
Coperta: Manuela Timofte
Prefață: Valeriu Marius Ciungan
Imagine copertă: https://www.pexels.com

Copyright © 2024 by Daniela Topîrcean

Disclaimer

No part of this publication may be reproduced or transmitted in any form or by any means, electronic or mechanical, including photocopy, recording, or any information storage and retrieval system, or transmitted by e-mail without permission in writing from the copyright owner.

This book is for entertainment purposes only.

Published by Daniela Topîrcean

Cuprins

Prefață

Poemele Danielei crează un univers propriu diafan, luminos, plin de cântece în surdină, armonie, rugăciune, inefabil, pace, toate impregnate de o iubire tăcută, ca sursă de energie latentă şi de justificare a existenţei acestui intim refugiu.

Iubirea e Creatorul, iar Creatorul dăruieşte iubire şi o răsfrânge în "secunde luminoase","simfonii albastre" şi în "dulci insomnii". Inclusiv autoarea este parte a acestei creaţii în poemul "Vas de lut": "mă modelezi tăcut/ mă îmbraci cu lumină/ mă încălzeşti în cuptorul/inimii Tale "

Cuplul prezent în mai toate poemele este unul abstract, ideatic, contopirea fiind mai mult una confesivă ca modalitate de redescoperire şi regăsire a sinelui prin iubire: "Rătăceau în mine/ despletite/ neliniştile Isoldei/ inocenţa Julietei/ înflorea-n privirea mea.../ ca o maree/ neliniştea primei iubiri/ îmi inunda/ ţărmul inimii/ sfidându-mi/ imponderabilitatea, aripile străvezii.../în mine rătăceau/ corăbii pierdute,/ fantome diafane,/ despletite,/ atrase printr-o tăcută rezonanţă...-poemul Rezonanţa.

Poemele sunt construite în oglindă "Ai apărut in acelaş anotimp auriu/ pierdut într-un vis de demult/ să sprijini oglinda tăcerilor tale/ zugrăvite-n albastru cuvânt, de tâmpla mea transparentă...- Oglinda, ceea ce amplifică trăirile, poeta încercând să desluşască şi să asume sentimentele iubitului până la contopire - "Lângă tine""Lasă-mi sufletul / lângă tine.../ lasă-mă să vin / mai aproape/ din lumea de ţărână / aripile să-mi scape.../ Învăluie-mă cu liniştea/ cu mantia ta / cu stelele si luna,/ uşor/ încercuieşte-mi/ cu iubirea/ oasele bolnave de dor/ să nu mai ştiu/ care eşti tu/ şi care sunt eu,/ să simt cum soarele/-arcuieşte lumina/ pe degetul meu..."

Unele poeme sunt atinse de o lamentaţie discretă, subterană, de un uşor abandon, de o vocaţie dulce - tragică a predestinării şi împăcării cu sine, poemul "Rugăciune": Spune-mi/ că nimic/ nu mai e de făcut/ spune-mi/ că tot ceea ce trebuie să fiu/ sunt." nevoia unei confirmări explicite fiind de fapt forma de răsvrătire prin vers împotriva acestora.

Cuplul este unul ideal în universul creat dar incert şi paradoxal la contactul cu lumea simplă, reală: "spune-mi.../ ajunge la tine/ această ardere în plină iarnă? "- Spune-mi, "te-am imbrăţişat.../ pentru o clipă/ ai facut parte/ din mine însumi/ ai aflat/ că exist/ ţi-am reamintit că-mi aparţii " (Curcubeul). Există şi o justificată infatuare a Creatorului cu o tendinţă vanitos-acaparatoare:" iubirea mea este totul/ de la firul de iarbă / la fulger /

de la piatra pe care calci grăbit / la aripa unui înger…"- Definiţie, chiar şi în anticiparea trăirilor iubitului :"iti simt tristeţea planând în mine/ ca o frunză purtată de vânt/ sau poate-i doar toamna/ ce răsare dureros în cuvânt…" (Tristeţe).

Poemele Danielei sunt tot atâtea ferestre deschise cu linişte şi religiozitate spre universul pur şi nostalgic al iubirii.Cei ce mai credem în asta, printre care mă pun şi eu la socoteală, avem argumente în poemele ei că nu locuim un spaţiu părăsit, abandonat de sentimente, că poezia poate fi o frumoasă expresie a iubirii… poate cea mai frumoasă!

Cântec pierdut:

"De ce vrei să plâng/ eu sunt cântecul/ sunt oda bucuriei tale/ tu m-ai compus,/cântă-mă …/ De ce vrei să însetez,/ eu sunt izvorul tău/ sunt apa ta,/ soarbe-mă…/ De ce mă laşi goală /eu sunt vasul tău/ tu m-ai modelat / umple-mă…/ De ce vrei/ să flămânzesc,/ eu sunt pâinea ta,/ nu mă depărta/ de buzele tale…/ Iubire,/ mă binecuvântezi,/ sau mă pedepseşti/ cu dulcea suferinţă/ a flăcărilor Tale?"

Valeriu Marius Ciungan -membru USR

***

Preface

Daniela's poems create their own diaphanous, bright universe, full of muted songs, harmony, prayer, ineffable, peace, all impregnated by a silent love, as a source of latent energy and justification of the existence of this intimate refuge.

Love is the Creator, and the Creator gives love and reflects it in "bright seconds", "blue symphonies", and in "sweet insomnia". Even the author is part of this creation in the poem "Clay pot": "you shape me silently/ you dress me with light/ you warm me in your oven/ your heart."

The couple present in most of the poems is an abstract, ideational one, the fusion is more of a confessional one as a way of rediscovering and rediscovering the self through love: "a tide/ the anxiety of first love/ it fled/ the shore of my heart/ defying/ my weightlessness, bright wings…/ in me wandered/ lost ships,/ diaphanous ghosts,/ dishevelled,/ attracted by a silent resonance… (Resonance).

Poems are built in the mirror "You appeared in the same golden season/ lost in a dream long ago/ to support the mirror of your silences/ painted in blue word, by my transparent temple… - The mirror, which amplifies the feelings, the poet trying to discern and to assume the feelings of the lover until the fusion - "Next to you" "Leave my soul/ next to you…/ let me come/ closer/ from the world of dust/ let my wings escape…/ Wrap me in peace/ with your cloak/ with the stars, with the moon,/ slightly/ surround me/ diseased bones/of longing/ with love/ not to know/ who you are/ and who I am,/ to feel how the sun/arches the light/ on your finger my…"

Some poems are touched by a discreet, subterranean lament, by a slight abandonment, by a sweet-tragic vocation of predestination and reconciliation with oneself, the poem "Prayer": Tell me/ that nothing/ is left to be done/tell me/ that all I have to be/ I am." The need for explicit confirmation being, in fact, the form of rebellion by verse against them.

The couple is an ideal one in the created universe but uncertain and paradoxical in contact with the simple, real-world: "tell me…/ get to you / this burning in the middle of winter?"- Tell me, I hugged you…/ for a moment/ you were part / of myself/ you found out / that I exist/ I reminded you that you belong to me"(Rainbow). There is also a justified infatuation of the Creator with a vain-grabbing tendency: "my love is everything/ from the blade of grass/ to the lightning/ from the stone on which you are hurriedly treading/ to the wing of an angel…" - Definition, even in anticipation to the feelings of the lover: "I feel your sadness hovering in me/ like a leaf carried by the wind/ or maybe it's just autumn/ that rises painfully in the word…" (Sadness).

Daniela's poems are just as many windows open with peace and religiosity to the pure and nostalgic universe of love. Those who still believe in this, including myself, have arguments in her poems that we do not live in an abandoned space, abandoned by feelings, that poetry can be a beautiful expression of love, and perhaps the most beautiful!

Lost song:

"Why do you want me to cry/ I am the song/ I am the ode to your joy/ you composed me,/ you sing me…/ Why do you want me to be thirsty,/ I am your spring/ I am your water,/ - drink me…/ Why are you leaving me empty/ I am your vessel/ you shaped me/ -fill me up…/ Why do you want me/ to starve,/ I am your bread,/ do not take me away/ from your lips…/ Love,/ do you bless me,/ or do you punish me/ with the sweet suffering/ of Your flames?

Valeriu Marius Ciungan - member USR

***

Cuvântul Autorului

De cele mai multe ori iubirea ne surprinde, iubirea apare pe neaşteptate în viaţa noastră ca un cântec al fiinţei interioare, ca o flacără, simbolul vieţii însăşi...

Undeva, cândva, aflat în frământările tulburătoare ale iubirii, un suflet omenesc s-a întrebat dacă este vreo diferenţă între iubirea divină şi cea umană şi a descoperit că iubirea divină îmbrăţişează toate celelalte forme de iubire, iar celelalte forme de iubire sunt în esenţa lor o formă de dor mistuitor după Divinitatea care se ascunde în mod tainic în tot ce ne înconjoară.

Iubirea adevărată ne provoaca să ne naştem ca fiinţe divine renunţând la ego-ul nostru limitat. Ea este izvorul tainic din care sufletul nostru se inspiră, primeşte energie, făcând posibilă creaţia - divina expresie a sinelui divin lăuntric aflat în legătură cu energiile cosmice ale luminii. In iubire, nu există "a pierde". Cine iubeşte află că timpul şi spaţiul nu există, toate limitele dispar, imposibilul devine posibil. Fiinţa care a ridicat în sufletul său un altar închinat iubirii rămâne vie in eternitate. Iubirea este energia care te transformă într-o piatră preţioasă. Este procesul prin care cărbunele devine diamant, prin care firul de nisip devine perlă în frământarea intimă a scoicii. Iubirea te face mai frumos, mai luminos, mai bun, mai puternic.

Cine urmează drumul iubirii lăsând la o parte dorinţele propriului ego renaşte ca pasărea Phoenix din propria cenuşă. Cel ce iubeşte este cel ce dansează dansul, cel care cântă cântecul, cel ce se avântă în valuri, cel ce are curajul să trăiască nebunia şi frumuseţea mării dezlănţuite, cel care renunţă cu adevărat la propriile temeri şi dorinţe abandonându-se pe sine, binecuvântând fiecare pas al vieţii. Acel suflet are posibilitatea ca în tainiţa inimii, să găsească mângâierea sublimă a iubirii, mângâierea sublimă a luminii..

Daniela

***

Author's Word

Most of the time, love surprises us and appears suddenly in our life as a song of the inner being, like a flame, the symbol of life itself.

Somewhere, once, in the disturbing turmoil of love, a human soul wondered if there was any difference between divine and human love. It found that divine love embraces all other forms of love and all those are in essence a form of love, wounding longing for the Divinity which secretly hides both in the human and in everything around us.

True love challenges us to be born as divine beings by giving up our limited ego. That is the mysterious source from which our soul inspires, receives energy, and makes creation possible - the Divine expression of the inner divine self, connected with the cosmic light energy. In love, there is no "losing". Whoever loves will find out that time and space do not exist, that all limits disappear and the impossible becomes possible. The being who builds an altar dedicated to love in his heart remains alive for eternity. Love is the energy that turns you into a gemstone. It is the process by which coal becomes a diamond, by which the thread of sand becomes a pearl in the cherished turmoil of the shell. Love makes you better, righter, more powerful, and more beautiful.

The one who follows the path of love, leaving aside desires of his ego, is reborn like the Phoenix bird from its ashes. The one who loves is the one who dances the dance, who sings the song, the one who soars in the waves, who dares to live the madness and beauty of the raging sea, the one who truly gives up his fears and desires abandoning himself and blessing every step of life. That soul can find the sublime comfort of love and light in the mystery of the heart.

Daniela

***

Motto:

*"în inima mea
te-am aflat,
călător între roze petale,
uşor atingându-mi buzele,
să nu mă trezeşti din visare.***"**

Flori de Lumină

***

*"I found you
in my heart
traveller among pink petals,
gently touching my lips,
not to wake me up from my dream."*

Flowers of Light

Raze de Lună

Încondeiez cu lacrimi,
pe un colț de stea,
un gând,
pe care îl trimit spre tine...
scrisoarea ta,
trimisă pe-o adiere de zefir,
mi-a îmbrăcat chipul,
în lacrimi sublime...

Să-ți spun - te iubesc -
îmi pare prea puțin...
eu... mulțumesc Divinității,
c-am auzit un cântec sublim,
imnul sufletului tău,
închinat vieții...

Eu te-am purtat
mereu în suflet,
aproape de inimă
mi-ai fost întotdeauna,
deși doar în vise
puteam să te-ntâlnesc,
atunci când pe cer,
răsărea luna...

Acum, că te-am găsit,
mi-e plină de dor ființa,
iar gândul meu
descântec de iubire țese
razelor de lună...
undeva pe cer,
o auroră boreală dansează
iar fugii de zăpadă
cad pe glia străbună...

Moonbeams

I pen with tears,
on a corner of a star,
a thought
which I send to you...
your letter
sent on a zephyr breeze,
dressed my face
in sublime tears...

To tell you - I love you -
I find it too little...
I... thank Divinity,
that I heard a sublime song,
the hymn of your soul,
devoted to life...

I carried you
always in my heart
close to the heart
you have always been to me,
though only in dreams
I could meet you
when the moon was rising
in the sky…

Now that I have found you
my being is full of longing,
and my thought
weaves love charm
to the moonbeams...
an aurora borealis dances
somewhere in the sky
and the snowflakes
fall on the ancient land...

Lumina din ochii tăi

Lumina din ochii tăi,
este atât de curată...
este dor de sublimul
din raza de soare
imaculată ...

Lumina din ochii tăi,
este zborul
unui înger îndrăgostit
de-albastrul din cerul senin,
infinit...

Lumina din ochii tăi
este fără de sfârşit şi-nceput ...
lumina din ochii tăi
este al cerului
divin sărut...

The light in your eyes

The light in your eyes,
It is so clean...
it is a longing for the sublime
from the sun's rays
immaculate...

The light in your eyes,
it's the flight
of an angel in love
with the blue of the clear sky,
infinite...

The light in your eyes
it is without end and beginning...
the light in your eyes
is divine kiss
of heaven...

Ochii mei

Poezia este lumina
ce străluceşte
în ochii mei,
este muzica
ce vibrează
tainic
în sufletul meu…

Dacă doreşti
să mă cunoşti mai bine,
nu-mi privi ochii...
priveşte în sufletul
poeziei mele,
cu ochii de lumină ai
sufletului tău...

Dacă doreşti să cunoşti
drumul spre inima mea,
mai întâi
citeşte-mi poemele
de dragoste,
strânge-le la piept,
şi-apoi, îmbrăţişază-mă,
iubitule...

My eyes

Poetry is light
that shines
in my eyes,
it's the music
that vibrates
secretly
in my soul...

If you wish
to know me better
don't look into my eyes...
look into the soul
of my poetry
with the eyes of light
of your soul...

If you want to know
the way to my heart
first
read my poems
of love,
hold them close
and then hug me,
my love...

Oglinda apei

Priveam ochiul deschis spre cer
al unei fântâni,
îmi era sete şi dor...
un dor nebun să zbor,
să mă cufund în ape
limpezi de izvor,
purtându-mi
clipele îndrăgostite,
aninate de cer
c-o rază
împodobită cu flori
de nu-mă-uita şi cuvinte...

...şi, chiar mă cufundasem
în limpezimi
adeseori,
însă un înger bălai
călcând pe laur,
mi-a baricadat sufletul
într-un cântec de lumină,
punând pecete
cheia sol, pe flaut...

Divin cânta şi frumuseţea lui,
adesea, mă durea -
degetele lui, slovele,
îmi încântau aripile...
degetele lui, slovele
îmi alintau aripile...
şi mă cânta şi mă zbura
şi mă iubea - şi te cântam
şi te zburam şi te iubeam!

The water mirror

I was looking at the open eye of a fountain
to the sky.
I was thirsty and longing...
a crazy longing to fly
to immerse myself in the waters
crystal clear,
carrying me
moments in love
blown away by the sky
with a ray
decorated with don't-forget-me flowers
and words...

...and, I had often really sunk in
in the clear
but an angel bathed
walking on the laurels
barricaded my soul
in a song of light
putting treble chef as seal
on the flute...

Divine was his song and beauty,
often, it hurt -
his fingers, the syllables,
my wings were exhilarating...
his fingers, the words
caressing my wings...
and sing me and fly me
and he loved me - and I sang you
and I was flying and I loved you!

Zâmbetul

Când nimeni,
în afară
de sufletul meu,
nu m-a îmbrăţişat,
ai apărut tu...
şi nu ştiu prin ce
minune divină,
ai venit să vindeci
fiecare bătaie
a inimii mele,
cu îmbrăţişarea
de lumină
a zâmbetului tău...

Priveşte în ochii mei -
priveşte în oglinda
care te reflectă...
Tu eşti eu,
te port în tot
ceea ce sunt,
eşti zâmbetul
de lumină
al fiinţei mele!

The smile

When no one
outside
of my soul
hug me
you showed up...
and I don't know
with what divine miracle,
you came to heal
every beat
of my heart
with the hug
of light
of your smile...

Look into my eyes -
looks in the mirror
that reflects you...
you are me
I carry you in everything
I am
you are the smile
of light
of my being!

Petale de crin

Crâmpei luminoase,
petale de crin,
zboară mereu către tine...
te-mbrățișează
aripi de fluturi,
diamantine...

În liniștea nopții,
din stele văluresc
lumini astrale...
mi-e sufletul invadat
de aurore boreale...

Când mi-e dor,
chem sufletul tău
și-odată cu el
sosește-o rapsodie...
poeme desprinse
din inima ta,
petale de nufăr, solie...

Un cântec divin
răsună mereu
în univers...
sufletul meu,
cu sufletul tău,
împreună în vers...

Lily petals

Bright lights,
lily petals,
always fly to you...
butterfly
diamond wings,
hugs you...

In the stillness of the night
astral lights
vibrate from the stars...
my soul is invaded
of aurora borealis...

When I miss you
I call your soul
and a rhapsody arrives
with it...
detached poems
from your heart
water lily petals, message...

A divine song
always echoes
in the universe...
my soul
with your soul
together in verse...

Orhideea albă

Te-am căutat ades în zorii de cristal
și în lumina ce-nmugurește
flori de argint pe mângâiatul ram ...
Te-am căutat în iarba ce-n zorii zilei
în rouă strălucește, iar în amurg
cu raze violet în taină se-nvelește...

Te-am căutat în Luna care cu chipul
de vergură răsare iar ochii tăi părea
că îmi zâmbesc din stelele strălucitoare...
Te-am căutat în câmpul cu spice
și-n macii ce-n flăcările din petale
aprind iubirea în ploi de lumină, astrale...

Întotdeauna am visat la tine...
deși chipul părea că l-ai ascuns,
lumina iubirii tale în suflet mi-a pătruns...
La mine-n suflet rămâi iubire binefăcătoare...
ești steaua ce-mi luminează inima
și-n zâmbetul meu candid, transpare...

Când ochii-i închid, retrăiesc visul
îmbrățișarea noastră...
lacrimi de-argint pe obraz lunecă
în stropi de lumină,
pe orhideea albă din fereastră...

Daniela Topîrcean

The White Orchid

I often looked for you in the crystal dawn
and in the budding light,
silver flowers on the caressing branch.
I searched for you in the grass that shines
in the morning dew and wraps itself in the twilight
with mysterious purple rays.

I sought you in the rising moon
with its innocent face, and your eyes seemed
to smile at me from the bright stars.
I looked for you in the field of ears
and in the poppies that ignite love
in showers of astral lights,
in the flames from the petals.

I've always dreamed of you,
though it seemed that you had hidden your face,
the light of your love has entered my soul.
Benevolent love remains in my soul…
you are the star that illuminates my heart,
and transpires in my candid smile.

When I close my eyes, I relive the dream
of our hug,
silver tears on the slippery cheek
in splashes of light,
on the white orchid in the window.

Zâmbet

Inima mea
îşi construise-n jur,
o cetăţuie
din ziduri groase, de granit...
prezenţa ta le-a spulberat
cu un cuvânt,
cu o privire,
în ziua-n care noi
ne-am întâlnit...

De ani întregi
îţi compuneam poeme,
dintotdeauna
te-am purtat în Suflet
şi te-am aşteptat...
am rătăcit neîncetat
prin viaţa mea,
prin timp, prin vreme,
dintotdeauna-n rugăciune
te-am purtat,
în jurul meu, te-am căutat...

Mi te-ai ivit în cale
ca un zâmbet
şi-atunci, un glas divin
mi-a spus,
că Tu - eşti jumătatea
ce divinul Tată
în calea vieţii mele, a adus...

Te preţuiesc cu Sufletul
şi versul meu înaripat,
privind spre soare,
spre stelele surori...

mi-eşti zâmbetul din zori,
te-mbrăţişez
cu tot ceea ce sunt, adeseori...

Smile

my heart
had built around
a city
from thick, granite walls...
your presence shattered them
in a word,
with a glance,
on the day
we met...

For years
I was composing poems for you,
I always
carried you in my Soul
and waited for you...
I wandered endlessly
through my life
through time
I always carried you
in prayer
I looked for you
around me...

You got in my way
like a smile
and then, a divine voice
told me
that You - are the half
that the divine Father
brought into the path of my life…

I treasure you with my Soul
and my winged verse,
looking at the sun,

to the sister stars…
you are my smile at dawn
I often hug you
with all that I am...

Fluturi albi

Fluturi albi mi-ai trimis
într-o seară de mai,
erau vocale îngemănate în ghirlande
înflorite în poemele tale de dragoste...
zburau în univers, mă căutau
adăpostite la umbra unui vers,
se aşezau pe mâinile mele
rătăcite între file de carte
şi flori de nu-mă-uita ...

Veneai în urma lor,
te strecurai tiptil
printre perdele albe de voal
pe care vântul serii le-nlătura uşor
din pragul camerei mele
ce găzduia atâtea vise,
vise sihastre... atât de albastre
încât seninul cerului
devenise gelos...

Te ascundeai în inima mea
în fiecare respiraţie... în ochii mei
sub pleoapele din care dorul
dădea naştere izvoarelor speranţei ...
apoi, te-ai transformat într-un vis
ce-n pragul serii ades mă vizita...
Păşeam împreună pe ţărmul unui univers
unde răsăritul se îngemăna cu apusul...
îngeri de-alabastru întorceau
clepsidre de sare...
albastre flori de nu-mă-uita
creionau dansul nostru deasupra
valurilor mării de smarald...
Îţi aminteşti iubitule... fluturi albi, mi-ai trimis...

White butterflies

You sent me white butterflies
one evening in May
they were twinned vowels in garlands
blooming in your love poems...
they were flying in the universe, looking for me
sheltered in the shadow of a verse,
they sat on my hands
lost between the pages of a book
and forget-me-not flowers...

You were coming after them,
you were sneaking around
among the white veil curtains
which the evening wind easily removed
from the threshold of my room
that housed so many dreams,
hermit dreams… so blue
so that the clearness of the sky
had become jealous...

You were hiding in my heart
in every breath... in my eyes
under the eyelids from which the longing
gave birth to the springs of hope...
then, you turned into a dream
that often visited me in the evening.
We were walking together on the shore of a universe
where the sunrise twinned with the sunset...
alabaster angels were returning
salt hourglasses...
blue forget-me-not flowers
pencilled our dance above
the waves of the emerald sea...
Do you remember my love... white butterflies, you sent me...

Floare dragă a câmpului

Floare dragă a câmpului,
floare mândră a dorului
înflorită-n zori de zi,
primenită făr'să ştii
la marginea gândului
de-adierea vântului,
de roua pământului...

Spune-mi dalbă margaretă
ce-ascunzi în inima-ţi secretă,
ce nopţi sublime de albastru
încânţi cu cântecu-ţi măiastru...

Şi tu albăstrea aleasă
ce-nfloreşti ca o crăiasă,
spune-mi care-ţi este gândul
când înfloreşti mirând pământul...

Spune-mi mac roşit în soare,
de ce inima-ţi dogoare
când soarele pe cer străluce
şi gândul departe-ţi duce...

Şi tu sânziană bună
parfumată ca o zână,
spune-mi ce le spui la iele,
încununându-mă cu stele...

Spune-mi iris înflorit
şi de cer îndrăgostit,
câţi fluturi în braţe-ai strâns
când petalele ţi-au plâns...

Garofiţă mândră floare

înflorită pe răcoare,
spune-mi cin' ți-a sărutat
petala pe înserat...

Flori de câmp, flori de lumină,
creșteți din glia străbună
flori de leac, ocrotitoare,
la zâne mijlocitoare...
stropi de soare picurând,
înfloriți la mine-n gând,
universul luminând!

Dear flower of the field

Dear flower of the field,
proud flower of longing
blooming at dawn,
well dressed without knowing
by the breeze of the wind,
of the dew of the earth
at the edge of thought...

Tell me sweet daisy
what do you hide in your secret heart
what sublime blue nights
delight with your beautiful song...

And you, the chosen,
that blooms like a lily,
tell me what you think
when you bloom wondering the earth...

Tell me, poppy red in the sun,
why your heart burn
when the sun in the sky shines
and the thought takes you far away...

And you good Lady's bedstraw
fragrant as a fairy,
tell me what you say to beauties
crowning me with stars...

Tell me, blooming iris,
and fallen in love with the sky,
how many butterflies in your arms have you gathered
when your petals cried...

Little carnation, proud flower,

blooming in the cold,
tell me who kissed
your petal in the evening...

Field flowers, flowers of light,
grown from ancestral glia
medicinal, protective flowers,
intercessory to fairies...
drops of sun dripping,
bloom in my mind,
lighting up the universe!

Zbor spre Rai

Limba noastră-i o minune
izvorâtă din credință...
este sunetul primordial
coborât din cer, în ființă...
Limba noastră e tezaur,
din străbuni păstrat cu sfințire,
este mierea cea dulce,
dăruind tuturor lecuire...

Limba noastră-i sfânta glie,
apărată de străbuni
cu prețul sângelui smerit...
este leagăn ocrotitor al vieții,
e-al pruncilor senin gângurit...
este cântecul armonios
din balada și doina străbună;
Limba noastră-i divina rază,
revărsată din soare, din lună...

Limba noastră-i România,
spațiu străbun binecuvântat,
este mirul parfumat,
sublim în slova noastră, picurat...
Limba noastră-i curcubeul divin
ocrotind mioriticul plai,
e-al îngerilor grai,
e zborul slovei noastre, către Rai!

Flight to Heaven

Our language is a miracle
springing from faith...
it is the primordial sound
descended from Heaven into being...
Our language is a treasure,
from ancestors preserved with sanctity,
it is the sweet honey
giving everyone healing...

Our language is the holy land,
defended by ancestors
at the price of humble blood...
it is life's protective cradle,
it's babies' serenely cooing...
it is a harmonious song
from the ballad and the ancient song;
Our language is the divine ray,
poured out from the sun, from the moon...

Our language is Romania,
blessed ancient space,
is the fragrant myrrh,
sublime in our words, dripping...
Our language is the divine rainbow
protecting the beautiful land,
it is of the angel's speech,
it is the flight of our glory to Heaven!

Oameni îngeri

Oamenii adeseori
sunt îngeri luminoşi,
ce se ivesc lângă noi
şi ne întind o mână,
să ne ajute
să învingem
ale triseţeii ploi şi nevoi...

Oamenii aceştia,
care apar atunci când
ne-aşteptăm
cel mai puţin,
sunt trimişi de Tatăl
să ne acorde
un ajutor divin...

Oamenii, oamenii îngeri,
oamenii providenţiali
ce ne apar în viaţă,
sunt binecuvântarea
cu care Cerul Divin
adesea ne răsfaţă...

Vă-mbrăţişez la pieptul meu,
vă mulţumesc că v-aţi ivit
când a plouat cu stropi
de lumină-n viaţa mea...
voi sunteţi alinarea
trimisă rugăciunii
ce-n taină a şoptit-o inima...

Angel people

People often
are bright angels
who arise near us
and give us a hand
to help us
defeat
of the rains and needs of the sadness...

These people,
which occur when
we least
expect it,
are sent by the Father
to grant us
a divine help...

People, people angels,
providential people
who appear in our lives,
are a blessing
with which the Divine Heaven
often spoil us...

I hug you to my chest,
thank you for coming
when it drizzled with drops
of light in my life...
you are the comfort
sent to prayer
whispered secretly by the heart...

Sunt...

Sunt firul ierbii
ce înmugureşte grăbit,
sunt nor pe cerul amiezii,
sunt luminos răsărit...
sunt stea, o peruzea strălucitoare,
sunt galaxie, sunt rapsodia
ce te înalţă-n visare...
sunt lacrimă, sunt zâmbet,
sunt piatră, sunt curcubeu,
sunt culoare,
sunt cireşul din grădină,
sunt cântec învăluit în soare...

Sunt briză, sunt om, sunt cuvânt,
dar mai presus de toate
Sunt Tot ceea ce Sunt!...

I am...

I am the blade of grass
that sprouts hastily,
I'm a cloud in the midday sky
I am a bright sunrise...
I'm a star, a shining perusea,
I am galaxy, I am rhapsody
what lifts you in your dreams...
I'm a tear, I'm a smile
I'm stone, I'm rainbow
I am colour
I'm the cherry tree in the garden
I am song-wrapped in the sun...

I am breeze, I am human, I am word,
but above all
I am All that I Am!...

Flori de lumină

În miez de seară,
tăinuită de luceferi
arzând divin
pe bolta înstelată,
înmiresmând
candidu-mi gând himeric,
în noapte mi-am deschis
fereastra inimii înrourată
şi am îmbrăţişat
un roi de fluturi albi,
ce-n tainice săruturi
mi-au îmbrăcat fiinţa,
de raza lunii
binecuvântată...

Erau vocale uşoare,
în ploaie de stele...
erau flori de lumină
cu străluciri celeste
desprinse
dintr-ale sufletului tău,
sonete...
erau şoapte de-amor
zburând prin univers,
ce şi-au găsit locaş
pe buzele-mi timide,
vrăjite de-al tău vers...

Îţi răsfoiam
filă cu filă gândurile,
le descopeream
printre aripi de fluturi,
ascunse-n vocale,
transcendentale săruturi...

apoi, în inima mea
te-am aflat,
călător între roze petale,
uşor atingându-mi buzele,
să nu mă trezeşti din visare.

Flowers of light

In the middle of the evening
hidden from the stars
burning divine
on the starry sky,
incensing
candid my chimerical thought,
I opened
my dewy window of the heart
In night and I hugged
a swarm of white butterflies,
that dressed my being,
blessed
by the ray of the moon
in secret kisses...

They were light vowels,
in the shower of stars...
they were flowers of light
with celestial glow
detached
from your soul
sonnets...
they were whispers of love
flying through the universe
dwelling themselves
on my shy lips,
enchanted by your verse...

I was browsing your
thoughts one by one,
I was discovering them
among butterfly wings,
hidden in vowels,
transcendental kisses...

then I found you
in my heart
traveller among pink petals,
gently touching my lips,
not to wake me up from my dream.

Pictură pe Suflet

Cu penelul magic al gândului Tău,
din neant m-ai creat...

M-ai adunat şi compus asemeni un cântec
culegând note muzicale din simfoniile astrelor
şi-apoi m-ai plămădit în cuptorul inimii Tale
suflând peste mine un curcubeu,
o adiere de flacără,
un tainic gând albastru...

Aurora boreală ai revărsat-o în ochii mei
portaluri ai deschis în inima mea,
împletind diamantină broderie
din cristale de lumină...

Mi-ai pictat Sufletul cu penelul albastru
al gândului tău, cu iubirea Ta...
cu galben auriu mi-ai pictat universul inimii
amestecând roz şi verde, culori cristaline,
culorile iubirii divine...

În inimă mi-ai deschis o catedrală
unde îngerii coboară să se adape
la umbra gândului meu luminat de-o stea
din constelatia Lebedei...

- Iată-mă, departe de a fi un simplu gând
eu sunt cea care sunt,
cea pe care-i creat-o cu penelul unui gând!

Painting on the Soul

With the magic brush of Your thought,
out of nothing, you created me...

You gathered me and composed a song as well
gathering musical notes from the symphonies of the stars
and then you baked me in the oven of your heart
blowing a rainbow over me
a breeze of flame,
a mysterious blue thought...

The aurora borealis you poured into my eyes
portals you opened in my heart,
interweaving diamond embroidery
from crystals of light...

You painted my Soul with the blue brush
of your thoughts, with your love...
with golden yellow, you painted the universe of my heart
mixing pink and green, crystal colours,
the colours of divine love...

You opened a cathedral in my heart
where the angels come down to the water
in the shadow of my thought lit by a star
from the Swan constellation...

- Here I am, far from being a simple thought
I am who I am,
the one you created with the brush of a thought!

Identitate

Din timpuri vechi
în inimă uitate,
îmi zboară în suflet
o lebădă albă

...aripi imaculate...

Simt zborul ei
spre cerul înstelat
în fiecare fibră
din sufletul meu

...de lumină-nsetat...

Închisă de-o veşnicie
precum roua
într-un atom
şi-a presărat dorul,
dragostea,

...graiul de om...

Pe ţărmul de vis
gândul meu lin,
trece lebăda albă,
ultimul cântec

...propriul destin...

Identity

From ancient times
in forgotten heart
a white swan
flies in my soul

...immaculate wings...

I feel its flight
to the starry sky
in every fibre
from my soul

...light-thirsty...

Closed forever
like dew
in an atom
sprinkled its longing,
love,

...human speech...

On the dream shore
my smooth thought
passes the white swan,
last song

...own destiny...

Lacrimi

Am revărsat covor de lacrimi
pe iarba ce-n adierea vântului
se pleacă...
mi-e sufletul trist,
nu mai găseşte gânduri să tacă,
vocale să vorbească...

Durerea-mi voi ascunde
în lacrima ce picură amarnic...
în ploaia ce în geam îmi bate
şi-n inima în care,
torente curg năvalnic...

În suflet port imense valuri
pe care plutesc corăbii
cu pânze sfâşiate de fulgere albastre...
mă voi ascunde într-o şoaptă
purtată de vânt
spre depărtatele astre...

Tears

I shed a carpet of tears
on the grass that bows
in the breeze of the wind...
my soul is sad,
no longer finding thoughts to be silent,
vowels to speak...

I will hide my pain
in the tear that drips bitterly...
in the rain that beats on my window
and in the heart in which,
torrents are rushing...

In my soul, I carry huge waves
on which ships float
with sails torn by blue lightning...
I will hide in a whisper
carried by the wind
to the distant stars...

Cuvântul

Cuvântul
mi-a fost dăruit
de Dumnezeu
ca o rază, ca o sabie
luminoasă
dar mintea mea
l-a transformat
într-o sferă de lumină aleasă...

Nu m-a rănit
cu strălucirea ei
am prins-o
în palmele mele
deschise...
era totul aievea,
nu rătăceam inutil prin vise...

Eu am primit
în mine însămi
cuvântul
ca sferă de lumină
şi nu ca sabie lumească,
am absorbit
cu sete-n mine însămi
Lumina lui Dumnezeiască...

The word

The word
was given to me
by God
like a ray, like a light
sword
but my mind
transformed it
into a chosen sphere of light...

It didn't hurt me
with its brilliance
I caught it
in my open
palms...
everything was there
I wasn't wandering needlessly through dreams...

I received
the word
in myself
as a sphere of light
and not as a worldly sword,
I absorbed
Its Divine Light
with thirst in myself...

Invocare

Azi te invoc din inimă cu-întreaga mea iubire
te chem Arhanghele - strălucitoare stea,
cu gând curat din broderie de argint țesut,
te rog să fii mereu prezent în viața mea

Să-mi umpli ființa toată cu Lumină și cu har,
acoperă-mă divin cu aripi protectoare,
tot întunericul din jurul meu să-ndepărtezi,
să-mi fii etern Lumină lină și stea călăuzitoare

Cu scutu-ți de Lumină să mă protejezi mereu,
când trează sunt, când dorm, tu să mă veghezi...
Cu sabia-ți strălucitoare de Lumină să mă aperi,
tot ce-i malefic, din jurul meu să-ndepărtezi...

Iți mulțumesc cu rugăciunea inimii înaripată
Arhanghel Mihail strălucitor și mult iubit,
cu aripi de Lumină ocrotește-mă o veșnicie,
ești ghidul meu spiritual, etern fii preamărit!

Invocation

Today, I invoke you from my heart with all my love
I call you Archangel - the bright star,
with pure thoughts of woven silver embroidery,
please always be present in my life

To fill my whole being with Light and grace,
cover me divinely with protective wings,
remove all the darkness around me,
be my eternal smooth Light and guiding star.

Defend me always with your shield of Light
when I'm awake, when I'm sleeping, you watch over me...
Defend me with your bright sword of Light,
remove all evil from around me...

I thank you with the prayer of my winged heart
bright and much loved Archangel Michael
protect me forever with wings of Light
you are my spiritual guide, forever be glorified!

Lacrimi în soare

Când lacrima îmi plânge
trecute anotimpuri,
eu mă înalț cu visul meu
zburând peste timpuri,
spre razele de soare
ce darnic mă-nconjoară,
spre-nmugurirea florilor
din nou, în primăvară…

Când lacrima îmi plânge
trecutele iubiri
îngenunchiate-n frânte
și-amare amintiri,
îmi plec ușor
genunchii spre pământ,
c-o rugăciune înălțată
din inimă, spre cerul sfânt,

doar mulțumind am învățat
să fiu smerită
și în durerile întâmpinate-n
viața mea, călită -
iar sufletul ce-nțelepciune
astfel a dobândit,
înalță-n soare lacrima,
ce strălucește-n infinit!

Tears in the sun

When my tears are crying
past seasons,
I rise with my dream
flying through time,
to the sun's rays
that gifted surrounds me,
to the budding of flowers
again into the spring...

When my tears are crying
past loves
kneeling in broken
and bitter memories,
I kneel slowly
to the ground,
with a prayer raised
from the heart to the holy sky,

I learned to be humble
only thanking
and in the pains encountered
in my life, hardened -
and the soul that-wisdom
thus acquired,
raises the tear in the sun,
shining in infinity!

Phoenix

Nu mă compar
cu frunza
ce cade toamna
pe cărări,
sunt pasărea
din propria cenuşă
renăscută ...
sunt Phoenix-ul ce zboară
spre-albastrele zări!

O frunză galbenă
pe şevaletul toamnei,
nu mă consider,
nu am cum să fiu,
atâta timp
cât am un spirit liber
şi port în mine
suflet viu.

O frunză galbenă
ce-n toamnă
atinge ogorul,
este doar aşternutul
seminţelor
ce-n primăvară
vor hrăni viitorul ...

Dar eu, ca om cu Spirit
şi cu Suflet,
în mine însămi
port puterea
să îmi creez destinul,
calea...
chiar dacă uneori,

am cunoscut durerea...

Phoenix

I don't compare myself
with the leaf
that falls in autumn
on the paths
I am the bird
reborn
from its own ashes...
I am the flying phoenix
to the blue visions!

A yellow leaf
on the easel of autumn,
I don't consider myself
I can't be
as long
as I have a free spirit
and carry a living soul
in me.

A yellow leaf
touching the field
in autumn
is just the blanket
of the seeds
that in spring
will feed the future...

But I, as a human with Spirit
and Soul,
I carry the power
to create my destiny
the path
in myself...
even though I knew the pain

sometimes...

Lumină blândă

Păstoreai cuvântul, ale lui vocale
şi-ntr-o zi senină mi-ai adus în cale,
roua dimineţii în soare vibrândă,
fericirea-n undă, în ochi să-mi pătrundă...

Mi-ai adus cuvântul încărcat de taină,
cu sensuri, mirări, îmbrăcate-n haină...
Mi-ai adus curcubeie-n infinit pictate,
cuvinte-nflorite, în suflet presărate...

Tu, lumină blândă, stea de dimineaţă,
raze de albastru-n risipiri de ceaţă...
Vino şi-mi rămâi infinit în cuget,
cu al tău senin, să-mi răsari în suflet...

Rază de senin şi intens albastru,
ai venit curgând din cerul sihastru,
revarsă-mi în suflet, pace si iubire,
şi-mi fii stea menită, pentru nemurire!

Daniela Topîrcean

Soft light

You brought the word, its vowels
and on a clear day, you brought my way,
the morning dew in the sun vibrating,
bringing happiness in a wave, in my eyes...

You brought me the word loaded with mystery,
meanings, wonders, dressed in clothes...
You brought me endlessly painted rainbows,
blooming words sprinkled in the soul...

You, gentle light, morning star,
rays of blue in mist scattering...
Come and stay forever in my mind,
with your serenity, to rise in my soul...

Ray of clear and deep blue,
you came streaming from the hermit sky,
pour peace and love into my soul,
and be my star meant for immortality!

Seminţe

Eram printre elevii
prezenţi în acea
şcoală veche,
prăfuită ...
eram acolo,
printre vechile bănci
tocite
de-atâta scris...

Treceai gânditor
cu pletele,
lin revărsate
pe umeri...

Simţeam
prezenţa Ta,
vedeam
cum mă cauţi
printre ceilalţi elevi
deşi eu nu-ndrăzneam
nici măcar
să Te privesc...

Într-un târziu,
mi-ai găsit
mâna timidă
ce ezita...
şi-atunci,
minuscule seminţe
trecut-au
din mâna Ta,
în palma mea...

Seeds

I was among the students
present in that
old dusty
school...
I was there
among the old dull
banks
of so much written...

You were thinking
with locks,
smoothly poured
on the shoulders...

I was feeling
your presence
and seeing
how you were looking for me
among the other students
although I didn't dare
not even
to look at You...

in the end
you found
my shy hand
whixh was hesitating...
and then
tiny seeds
were passed
from Your hand
in my palm...

Legenda salciei

O salcie înaltă din margine de drum
privea în urma cu milenii un pelerin
trecând cu greu pe drum,
avea o cruce grea-n spinare,
noroadele strigând îl însoțeau,
din ochii Lui cei mari albaștri,
lacrimi de sânge întruna izvorau...

Cu crucea grea pe spatele distrus nedrept,
oprindu-se în drum își ridica ades privirea
spre soarele ce strălucea pe boltă, înțelept...
pe frunte purta ramuri, din spini împletită cunună,
făcuse mult bine pe pământ,
primise-n schimb doar violență, ură...
spre sacrificiu mergea încet, în grea-ncercare,
mergea spre dealul Golgotei la crucificare...

Tu, salcie, ce falnic te înălțai spre soare
vedeai străinul venind spre tine, pe cărare,
și ramul tău frumos și proaspăt înflorit
s-a aplecat duios de fruntea Domnului Isus,
de oameni aspru pedepsit,
o lacrimă de sânge din ochii Lui albaștri
a curs pe ramul tău milos...
- atât de multă durere ți-a copleșit întreaga făptură
și ai rămas cu ramul tău plângând mereu,
durerea lui Hristos ...

O salcie plângând îmi este gândul de peste timpuri
în durere semănat, de când Hristos
de Dumnezeu trimis ca sol de mântuire pe pământ,
de oameni răi, fu alungat, crucificat ...
o salcie plecată spre pământ
mi-e gândul smerit, ce plânge...

la fel ca tine, m-aplec să şterg
obrazul Lui Hristos batjocorit şi plin de sânge.

The legend of the willow tree

A tall willow by the side of the road
looked at a pilgrim back millennia
barely crossing the road,
he had a heavy cross on his back,
shouting crowds accompanied him,
from His big blue eyes,
tears of blood flowed together...

With the heavy cross on his back destroyed unjustly,
stopping on the way he often looked up
to the sun that shone wise on the sky...
on his forehead, he wore branches, a crown woven from thorns,
had done much good on earth,
received in return only violence, hatred...
towards the sacrifice, he strolled, with great effort,
he was going to the hill of Golgotha for the crucifixion...

You, willow tree, how towering you were rising to the sun
you saw the stranger coming towards you, on the path,
and your beautiful and newly blooming branch
tenderly bowed to the forehead of the Lord Jesus,
by people harshly punished,
a tear of blood from His blue eyes
flowed on your merciful branch...
- so much pain overwhelmed your whole being
and you were left with your branch always weeping,
the pain of Christ...

A weeping willow is my thought from time immemorial
in pain sown, since Christ
sent by God as the soil of salvation on earth,
by wicked men, was cast out, crucified...
a willow bent to the ground
my humble thought, why is it crying...

like you, I bend over to wipe
the mocked and bloody face of Christ.

Florile vieții

Când ghiocelul diafan răsare-n drum
vestind sfios al primăverii minunat parfum,
apar apoi și toporași cu violet pictați în plete
și flori de păpădie cu soarele stând la șuete...

Răsar în rochii de dantelă delicatele narcise,
cu eleganță zâmbind în soare indecise,
zambilele șoptesc angelic din sfielnice trompete
la întâlnire-zori de zi cu fragede violete...

Liliacul de nuntă pregătit și proaspăt parfumat
dansează cu zefirul rege în grădină-ncoronat
iar irisul îmbrăcat de gală admiră-n taină-o lăcrămioară
ce-n roua dimineții obrazul diafan își spală...

Iasomia, steluță sfielnică zâmbește-n soare,
privind curcubeul ce-n aer minunat transpare
iar garofța finuță și primenită-n corola sa
se-ascunde după crini și flori albastre de nu-mă-uita...

Un trandafir îndrăgostit corola își deschide îmbujorat
zâmbind unui înger abia sosit din cerul înstelat
care îmbrățișează grădina-n roua dimineții
și oamenii buni ce ocrotesc și iubesc florile vieții!

The flowers of life

When the diaphanous snowdrop emerges on the path
shyly announcing spring's wonderful fragrance,
violets with purple-painted locks also appear
and dandelion flowers gossiping with the sun...

The delicate daffodils rise in lace dresses,
elegantly smiling in the uncertain sun,
the hyacinths whisper angelically from their trumpets
at the meeting-dawn with tender violets...

The lily freshly scented and prepared for the wedding,
dances with the zephyr king crowned in the garden
and the gala-dressed iris secretly admires a lily-of-the-valley
that washes its translucent face in the morning dew...

Jasmine, a shy little star, smiles in the sun,
gazing at the rainbow that transpires in the wonderful air
and the little carnation delicate and adorned in its corolla
hides behind lilies and blue forget-me-nots...

A rose in love opens blushing its corolla
smiling at an angel that just descended from the starry sky
embracing the garden in the morning dew
and the kind people who protect and love the flowers of life!

Flori de păpădie

Aşteptam cu nerăbdare fiecare primăvară
în care-mi îmbrăcam rochiţa roz-liliachie,
aşteptam primele raze de soare
ce presărau pe câmpie
o mulţime de sori mici, pufoşi,
frumoşi ca soarele, din flori de păpădie...

Eram atât de-ndrăgostită de galbenul
plin de polen, încât, de-aş fi putut,
aş fi cules tot câmpul, l-aş fi luat
în şorţuleţul rochiţei roz de primăvară,
sau poate-n sufletul meu de copil,
căci nu ştiam pe atunci
că fumuseţea poate uneori, să doară...

Eram certată acasă pentru petele
de pe rochiţa roz şi-mi vine să zâmbesc;
frumoşii sori pufoşi îşi imprimau
seva, polenul dulce-amărui de păpădie-
chin pentru mâinile trudite ale mamei,
dezastru pentru rochiţa roz-liliachie...

Plângeam, când picura cu stropi de rouă
peste livada casei părinteşti,
privind florile închise, lipsite de lumină,
când seara răcoroasă sta să vie:
- s-a dus copilăria, s-au dus acele zile,
zburând în vânt ca puful alb, uşor, de păpădie!

Dandelion flowers

I look impatient every spring
when I wore my pink lilac dress,
I was waiting for the first rays of the sun
that sprinkled on the field
a lot of little fluffy suns
of dandelion flowers beautiful as the sun...

I was so in love with the yellow
full of pollen that, if I could,
I would have picked the whole field, and taken it
in the apron of the pink spring dress,
or maybe in my childish soul,
for at that time I did not know
that beauty can sometimes hurt...

I was scolded at home for the stains
on the pink dress, and I feel like smiling;
the beautiful fluffy suns made their mark
sap, bittersweet dandelion pollen-
torment for mother's toiling hands,
disaster for the pink-lilac dress...

I cried when it dripped with drops of dew
over the orchard of the parental house,
looking at the dark flowers, devoid of light,
when the cool evening was coming:
- childhood is gone, those days are gone,
flying in the wind like white, light, dandelion fluff!

Ultimul rod

Te admiram din zorii primăverii
când floarea ta țesea în visele-mi tăcute
miresmele înaripate ale vremii
în care îmi purtam iubirile răsfrânte ...

Te admiram în zile proaspete de vară
când rubiniu-ți rod, vesel mustind în soare,
hrănindu-mă cu dulce fruct în zi senină,
ți-mpovara crengile dragi mișcându-le agale...

Te admiram în toamne limpezi
când frunza ta, în rapsodie de culoare,
îmi așternea pe pleoape și în vise
dantelărie colorată în veștede volane...

Te admiram sub gerul cristalin al iernii
când ramura-ți golașă, de fulgi troienită
îmi așternea din plete de-alabastru
ninsori în inima-mi de albul iernii ispitită...

Dar într-o zi de tristă primăvară
un vânt năvalnic iscat din senin
ți-a prăbușit la pământ întreaga coroană,
cu flori parfumate pictate-n alb divin...

O singură bucată de coajă întinsă, subțire,
a rămas să susțină vital un alb munte de flori
și a hrănit prin seva sa un rod miracol
din rădăcini susținând ai vieții fiori...

Ființă dragă, dalbul meu cireș iubit,
din ultimul tău rod cercei la urechi vrei să-mi dai
iar eu poem îți fac în pragu-acestui asfințit
sămânța ta o-nalț pe rima unui vers, în rai...

Asemeni ție, ale mele dalbe gânduri
atunci când eu nu voi mai fi pe-acest pământ,
vor zămisli miraculos ca ultim rod, un cântec,
din care vor răsări sub astre, gingașe poezii!

The last fruit

I have admired you since the dawn of spring
when your flower wove in my silent dreams
the winged scents of the weather
in which I carried my cherished loves...

I have admired you on fresh summer days
when your ruby fruit ripened cheerfully in the sun,
feeding me on sweet fruit on a clear day,
burden your dear branches by moving them slowly...

I have admired you in clear autumn
when your leaf, in a rhapsody of colour,
spread colourful lace in whithered frills
on my eyelids and in my dreams...

I have admired you under the crystalline frost of winter
when your bare branch of snow piles
spread snow from alabaster locks
tempting my heart with the purity of winter...

But on a sad spring day
a sudden stormy wind
shattered your entire crown to the ground,
with fragrant flowers painted in divine white...

A single delicate shell remained,
remained to support a white mountain of flowers vitally
and nourished a miracle fruit by its sap
from the sustaining roots of life shivers…

Dear beloved cherry tree,
in your final harvest, you offer me earrings
and I pen you a poem on the cusp of this sunset
elevating your seed in the heavenly verses...

Like you, my pure thoughts will,
when I'm no longer on this earth,
miraculously conceive a song as the last fruit,
from which tender poems will spring forth under the stars!

Must

În gustu-ți dulce,
ai strâns
din zilele senine
- razele de soare...
lumini diamantine-n nopți
cu lună plină ...
Din glia ancestrală,
cules-ai sevele,
buchetele amețitoare,
aromele divine...

Grape juice

In your sweet taste,
you have gathered
the sun's rays
from clear days...
diamond lights at night
under a full moon...
From ancestral land,
you extracted the sap,
intoxicating bouquets,
divine aromas...

Petale de trandafir

Am presărat petale de trandafir
în toate visele în care
ne-am întâlnit,
sperând să regăseşti cărarea
care te aduce la mine
iar tu le-ai văzut
şi într-un târziu, ai sosit...

Ai apărut asemeni unui erou,
cu pletele răsfirate în vânt
şi inima deschisă...
ai apărut, întinzându-mi mâna,
luminându-mi toată fiinţa
cu strălucirea sufletului tău ...

Ai venit, aducând zâmbetele
şi cântecele în viaţa mea...
M-ai încântat
cu vocea ta profundă,
iar raza de lumină
pe care o vedeam adesea
în visele mele,
ai prins-o în zbor
şi ai trimis-o înmiit în calea mea...
Te iubesc…

Rose petals

I sprinkled rose petals
in all the dreams in which
we met
hoping to find your way back
that brings you to me
and you saw them
and finally, you arrived...

You appeared like a hero,
with your hair blowing in the wind
and an open heart...
you appeared, holding out your hand
illuminating my whole being
with the glow of your soul...

You came, bringing smiles
and the songs in my life...
You made me happy
with your deep voice
and the ray of light
which I often saw
in my dreams
you caught it in flight
and you sent it thousandfold gently my way...
I love you...

Copilărie

Când te-ai ascuns prin timpuri de-alabastru
și-acum îmi număr ghiocei ascunși în plete?
Când ai plecat din visul meu sihastru
lăsând în urmă doar melancolice regrete?

Când ai plecat din viața mea, copilărie
când ai zburat spre-azur în cerurile-nalte?
Mi-aș fi dorit să stai cu mine-o veșnicie,
să țesem împreună doar vise colorate!

Când ți -ai ascuns în norii pictați cu violet,
râsul șăgalnic-răsfățat de copiliță?
Când mi te-ai strecurat tiptil în suflet
copilărie, parfumată garofiță?

Cu flori culese-n zori de zi pe-al prispei dor,
cu joc și cântec, încă te mai port în vise,
când mă înalț cu tine în zbor de cocor
spre zările în soare strălucind, deschise...

Tu îmi zâmbești și spui că mi-ai rămas alături,
un zâmbitor copil cu visele în zbor...
Te-mbrățișez purtându-te-n solare trăsături,
în ochii mei și-n sufletul copilului interior!

Childhood

When did you hide during alabaster times,
and now I'm counting snowballs hidden in my hair?
When did you leave my solitar dream,
leaving behind only melancholic regrets?

When did you leave my life, childhood,
when did you fly to the azure in the high heavens?
I wish you would stay with me forever
let's weave only colourful dreams together!

When did you hide in the purple-painted clouds,
the carefree laugh of a little girl?
When did you sneak into my soul
childhood, fragrant little carnation?

With flowers picked at the dawn of yearning,
with play and song, I still carry you in my dreams,
when I soar with you in the flight of a stork
towards shining, open horizon in the sun...

You smile at me and say that you stayed by my side,
a smiling child with soaring dreams...
I embrace carrying you in sunny features
in my eyes and the soul of the inner child!

Câmpii de flori

Simt în mine însămi
freamătul unui ocean
iar în inima mea,
cuvintele tale,
încep să-nflorească,
învelite-n mantie de catifea...

Mi-e dor şi mi-e teamă
că mă vor inunda,
câmpii de flori albastre
peste care fluturi albi,
zburând în cercuri, vor plana...

Iubitul meu,
ascunde-mă-ntr-un zâmbet
sau într-o lacrimă de dor,
născută din inima ta…

Fields of flowers

I feel in myself
the churning of an ocean
and in my heart
your words
start to bloom
wrapped in a velvet cloak...

I miss you, and I'm afraid
fields of blue flowers
will flood me,
over which white butterflies
will float flying in circles…

My lover
hide-me-in-a-smile
or in a tear of longing,
born from your heart…

***

Despre Autor

Daniela Topîrcean, absolventă a Universității Lucian Blaga din Sibiu, licențiată în inginerie, a devenit membră a Societății Scriitorilor Români în ianuarie 2023.

Pasionată de poezie încă de pe băncile liceului și ale facultății, a publicat o parte din poemele sale în primul volum de versuri "Ferestre-poeme de iubire", volum ce a văzut lumina tiparului în martie 2021, la editura Letras, fiind urmat de varianta lui în limba engleză "Windows open to Love". În luna noiembrie 2023, a publicat volumul "Aripi de Phoenix", la editura PIM, editură ce a publicat și volumul de haiku "Anemone de Opal", în martie 2024. În aprilie 2024 a publicat volumul "Petale - Poeme Kaiku I - în trei limbi, pe platforma Amazon.

În anul 2020, a devenit colaborator al platformei spaniole Masticadores publicându-și creația atât în limba română cât și în limba engleză, pe două dintre blogurile platformei: MasticadoresRomania și GobblersMasticadores.

Începând din anul 2022, a devenit colaborator la revistele "Luceafărul din Vale", "Inimă de român", "Revista vitrina cu poezii", "Amprentele sufletului", "Cervantes Internațional" și "Steaua Dobrogei".

Din luna octombrie 2022 a început să publice poeme haiku pe platforme social media, în diverse grupuri literare românești și internaționale. Aprecierea poemelor este reflectată de premiile primite pentru unele dintre ele, de publicarea lor în reviste și publicații de gen și de traducerea lor în limba japoneză. Din 2023 este prezentă cu poeme haiku în suplimentul revistei "Surâsul Bucovinei" și în revista "72 de Anotimpuri".

A devenit colaboratoare a unor antologii literare după cum urmează:

• În anul 2022: "Insomnii stelare" (Vol.2), editura PIM; "Pe urmele lui Goga - Antologie", editura InfoRapArt; "Zâmbet" şi "Lacrimă", editura Artpress Timişoara; "Îmbrăţisări stelare" (Vol.2), editura PIM; "Pe urmele lui Goga - Tradiţii şi obiceiuri româneşti", editura InfoRapArt;

• În anul 2023: "Lumină din Lumină" Antologie de paşti, editura Cervantes; "Mirajul iubirii… Misterul trădării…" (Vol. IV), editura PIM; "Parfumul clipei - Antologie literară XX", editura PIM; "Pe bolta verii stele literare" (Vol. 3), editura PIM; "Tărâmul frunzelor călătoare", Haiku anthology ediţia a-II-a, editura Cervantes; "Columna Iubirilor Eterne", editura LUCVAL& KEN; "Răvaşe în sticluţe pe frunze arămii" (vol. V), editura PIM; "Prin verile aurii - Mozaic literar", editura PIM;

• În anul 2024: "Din dor de Eminescu" ediţia a 4-a, editura Cervantes; "Columna iubirilor eterne", editura LUCVAL&KEN.

În prezent, autoarea are deja în lucru alte proiecte literare.

***

About The Author

Daniela Topîrcean, a graduate of Lucian Blaga University in Sibiu, with Bachelor degree in engineering, became a member of the Society of Romanian Writers in January 2023.

Passionate about poetry since high school and college, she published part of her poems in her first volume of poems, "Ferestre - poeme de iubire", a volume that saw the light in March 2021, at the Letras Publishing House, followed by its English version "Windows open to Love". In November 2023, she published the volume "Aripi de Phoenix" at the PIM Publishing House, which also published the haiku volume "Anemone de Opal" in March 2024. In April 2024 she published trilingual volume "Petals - Haiku Poems I" on Amazon.

From 2020, she became a collaborator of the Spanish platform Masticadores, publishing her creation both in Romanian and in English, on two of the platform's blogs: MasticadoresRomania and GoblersMasticadores.

Starting from the year 2022, she became a collaborator of the magazines "Luceafărul din Vale", "Inimă de român", "Revista vitrina cu poezii", "Amprentele sufletului", "Cervantes International" and "Steaua Dobrogei".

From October 2022, she started publishing haiku poems on social media platforms, in various Romanian and international literary groups. The appreciation of the poems is reflected by the awards received for some of them, their publication in magazines and genre publications, and their translation into Japanese. Since 2023, she is present with haiku poems in the supplement of the magazine "Surâsul Bucovinei" and in the magazine "72 de Anotimpuri".

She also became a collaborator of some literary anthologies, as follows:

• In 2022: "Insomnii stelare" (Vol.2), PIM Publishing House; "Pe urmele lui Goga - Antologie", InfoRapArt Publishing House; "Zâmbet" şi "Lacrimă", Artpress Timisoara Publishing House; "Îmbrăţisări stelare" (Vol.2), PIM Publishing House; "Pe urmele lui Goga - Tradiţii şi obiceiuri româneşti", InfoRapArt Publishing House;

• In 2023: "Lumină din Lumină" Antologie de paşti, Cervantes Publishing House; "Mirajul iubirii… Misterul trădării…" (Vol. IV), PIM Publishing House; "Parfumul clipei - Antologie literară XX", PIM Publishing House; "Pe bolta verii stele literare" (Vol. 3), PIM Publishing House; "Tărâmul frunzelor călătoare", Haiku anthology ediţia a-II-a, Cervantes Publishing House; "Columna Iubirilor Eterne", LUCVAL& KEN Publishing House; "Răvaşe în sticluţe pe frunze arămii" (vol. V), PIM Publishing House; "Prin verile aurii - Mozaic literar," PIM Publishing House;

• In 2024: "Din dor de Eminescu" ediţia a 4-a, Cervantes Publishing House; "Columna iubirilor eterne", LUCVAL&KEN Publishing House.

The author is already working on other literary projects.

***